MW00464718

Alessandro Baricco (Turín, 1958) ha publicado en Anagrama las novelas *Tierras de cristal, Océano mar, Seda, City, Sin sangre, Esta historia, Emaús, Mr Gwyn, Tres veces al amanecer* y *La Esposa joven,* la reescritura de *Homero, Ilíada,* el monólogo teatral *Novecento,* los ensayos *Next, Los bárbaros* y *The Game* y las reseñas de *Una cierta idea de mundo.*

Lo que estábamos buscando
33 fragmentos

Baricco entiende la pandemia como algo más que una emergencia sanitaria: como una *criatura mítica,* una construcción colectiva (muy real: no hay aquí negacionismo) con la que los humanos se dicen algo urgente y vital para organizar sus angustias y creencias. El virus como ente no democrático, que fortalece a los poderosos y acaba con los pobres. La pandemia como batalla entre miedo y audacia, propensión de cambio y nostalgia del pasado. Un análisis lúcido, nada obvio.

Lo que estábamos buscando

Alessandro Baricco

Lo que estábamos buscando

33 fragmentos

Traducción
Diana Agámez

editorial anagrama

Título de la edición original:
Quel che stavamo cercando. 33 frammenti
Giangiacomo Feltrinelli Editore
Milán, 2021

Primera edición: abril 2021
Segunda edición: agosto 2021

Diseño de la colección: lookatcia.com

© De la traducción, Diana Agámez, 2021

© Alessandro Baricco, 2021

© EDITORIAL ANAGRAMA, S. A., 2021
  Pedró de la Creu, 58
  08034 Barcelona

ISBN: 978-84-339-1615-8
Depósito Legal: B. 3773-2021

Impreso en Argentina

Talleres Gráficos Porter

0

Aquello que un médico decide llamar *enfermedad* es una enfermedad.

Aquello que un virólogo decide llamar *virus* es un virus.

Aquello que un epidemiólogo decide llamar *pandemia* es una pandemia.

1

pero en realidad habría que intentar comprender la Pandemia como *criatura mítica*. Mucho más compleja que una simple emergencia sanitaria, parece ser más bien una construcción colectiva en la que diversos saberes e ignorancias han trabajado en un propósito aparentemente compartido.

las *criaturas míticas* son productos artificiales con los que los seres humanos se dicen a sí mismos algo urgente y vital. Son *figuras* en las que una comunidad de seres vivos organiza el material caótico de sus miedos, creencias, recuerdos o sueños. Estas criaturas habitan un espacio mental que llamamos mito. El hecho de haberlo concebido y cuidarlo a diario, como si fuese la propia morada, es uno de los principales gestos con los que los seres humanos se aseguran un destino. O lo reconocen.

3

nada más engañoso que usar la palabra *mito* como sinónimo de acontecimiento irreal, fantástico o legendario. El mito es aquello que dota de un perfil legible a un puñado de hechos. En cierto sentido es lo que traduce aquello indiferenciado que es propio de lo que *sucede* a la forma completa que es propia de lo que es *real*. Es un fenómeno artificial, por supuesto, un producto del hombre; pero confundir lo *artificial* con lo *irreal* es una estupidez. El mito es quizás la criatura más real que existe.

4

afirmar que la Pandemia es una creación mítica no quiere decir que no sea
real, ni mucho menos que sea una fábula. Al contrario, implica saber con
certeza que una gran cantidad de decisiones muy reales primero la hicieron
posible, luego la invocaron, y después
la generaron definitivamente, ensamblándola a partir de un número infinito de pequeños y grandes comportamientos prácticos.

5

el gesto con el que grandes comunidades de humanos logran construir un mito resulta en buena medida misterioso. Difíciles de descifrar son las razones por las que lo hacen, y los tiempos que eligen para hacerlo. Sin embargo, la precisión –y muchas veces la belleza– del producto final, aunada a la impresionante complejidad de causas que lo generan –en cada una de las cuales deja huella la mano artesanal del hombre–, otorga a las criaturas míticas una importancia tal que no pocas veces han sido tratadas como divinidades. Al construir mitos los hombres se convierten en algo más de lo que son.

Donde no hay creación mítica, los humanos se detienen. Como paralizados por un hechizo.

6

puede ocurrir que se luche para derrotar el mito, enseña la *Odisea*.

Puede ocurrir que se luche para edificar el mito, enseña la *Iliada*.

La élite intelectual homérica tenía las ideas claras. A través del mito, los humanos generan el mundo. Por el mito lo pierden.

Y así sigue sucendiendo siempre, en una rotación sin fin. Ni buena ni mala. Simplemente inevitable. Justa.

El destino de los humanos está tejido con los hilos del mito, intentaban decirnos nuestros padres. Querían que lo supiéramos.

rendirnos sin condiciones al método científico nos ha hecho incapaces de leer el mito, comprender su producción e incluso valorar su presencia en la vida de los humanos. Devaluado a hallazgo mágico, o simplemente a expresión de una cierta ignorancia, el mito es combatido en nombre de la clara luz de la verdad, que brilló por primera vez en la transición ilustrada.

Pero solo civilizaciones capaces de reconocer la producción del mito, articulándola con el trabajo de lectura de la ciencia, pueden leer correctamente su destino.

Con los ojos de la ciencia se lee un texto sin vocales. Eran así algunas escrituras arcaicas, que después se revelaron insuficientes para nombrar el mundo.

8

los nombres de la ciencia son las caracolas que permanecen en la arena cuando la ola del Mito se retira atraída por los
campos magnéticos de las mareas.

Virus: moluscos.

9

la expresión *criaturas míticas* proviene de un pasado en el que los humanos todavía sentían la necesidad de plasmar sus mitos bajo la forma de animales, o fenómenos naturales, o desviaciones monstruosas de la creación. Pero, desde hace algún tiempo, los humanos se han vuelto más refinados. Se han percatado de que estaban creando unos mitos que, al juntar esquirlas del acontecer, forman figuras artificiales, a menudo abstractas.

Hace falta un ejemplo.

El inconsciente es una criatura mítica de este tipo. *Evidentemente* no es un hecho: siendo generosos se lo puede definir como el espacio hipotético de los acontecimientos que suceden y que no sabríamos ubicar en ningún otro sitio. Sin embargo, preguntarse si existe *verdaderamente* es una pregunta infantil, y en cualquier caso fuera de lugar. Dado que es un mito, forma parte de nuestro sistema de realidad. Usándolo, se puede salvar a las personas del dolor. Aceptándolo como una categoría del estar en el mundo, se generan efectos. Algún día seguramente dibujaremos figuras míticas más eficaces. Ya lo estamos haciendo. El inconsciente se disolverá. No lo volveremos a usar. Se consagrará en el archivo de nuestras creaciones míticas obsoletas. Junto al Minotauro, por así decir.

10

puede resultar útil otro ejemplo.

También la *profundidad* es una criatura mítica.

Rara vez hemos construido otra mejor y más eficiente. En una sola palabra se ha fijado la posibilidad de un lugar que daba sentido a mil presentimientos, a un sistema ético completo y a una idea precisa de alma. Durante al menos dos siglos, la profundidad ha guiado casi todos nuestros sentimientos. Sin embargo, ahora la estamos abandonando porque resulta inadecuada para descifrar el mundo contemporáneo. Es un mito que se está disolviendo. Cuando se recurre a ella para describir lo real, sugiere mapas que, leídos al pie de la letra, generan situaciones molestas, a menudo bastante cómicas. Convencidos de tener que escalar paredes de rocas traicioneras, nos encontramos frente a extensas praderas. Allí donde la distancia se traza al ritmo de las horas, la meta se alcanza en minutos. Dibujados con un detalle admirable y una belleza inalterada, esos mapas están poblados de ríos secos, fronteras abolidas, espléndidas ciudades hoy en ruinas y misterios desvelados hace mucho tiempo. Es el continente de la profundidad. En los espacios en blanco, allí donde aparece la espléndida expresión *hic sunt leones, nos fuimos a vivir* nosotros.

11

pero no solo figuras abstractas. Desde siempre los humanos han construido criaturas míticas incluso en forma de *acontecimientos*. Por irracional que parezca, debemos ser capaces de pensar que *aquello que sucede* es a menudo una producción mítica, no simplemente el efecto de una serie de causas.

12

en una entrevista, Jung recordó haber predicho el ascenso al poder de Hitler simplemente escuchando los sueños de sus pacientes en los años inmediatamente anteriores al advenimiento del nazismo. Intentaba explicar con ello que la historia a menudo no es más que la conversión en acontecimiento de ciertas pulsiones del inconsciente colectivo. Lo útil de esta teoría es la idea de que, más allá de las opiniones formalizadas por los individuos, existen creencias colectivas por así decir asintomáticas: brotan y se propagan utilizando la conciencia individual como incubadora inconsciente y permanecen sustancialmente ilegibles hasta el momento en que emergen con la rapidez de una pandemia, cuando se compactan en una sola figura de significado, ya sea atroz o virtuosa. Así descrita, la historia deja de ser simplemente un fenómeno generado por aquellas lógicas que los historiadores están encargados de descifrar, y entra de lleno en el ámbito del *hacer mítico:* se convierte en historia aquello que los humanos no saben que piensan hasta que no logran producirlo para sí mismos, sintetizarlo y nombrarlo en forma de acontecimiento histórico.

La Pandemia es un acontecimiento histórico de este tipo.

13

la Historia es aquello que alcanzamos a pronunciar de nuestras premoniciones. Es siempre eco de una profecía, desordenada ceremonia de una confesión, tardía detonación de instintos reprimidos durante largo tiempo. La Historia es un grito.

Quien no siente ese grito no puede escuchar, y por lo tanto se limita a observar. Aquello que provoca esa sordera es un detrito mudo: los nombres avalados por las ciencias.

Los nombres de la ciencia son las caracolas que permanecen en la arena cuando la ola del Mito se retira atraída por los campos magnéticos de las mareas.

Virus: moluscos.

14

se debería entonces pensar la Pandemia como criatura mítica. Mucho más compleja que una simple emergencia sanitaria, representa una construcción colectiva en la que diversos saberes e ignorancias han empujado en una misma dirección. Inofensivos eventos deportivos, perfiles sociales aparentemente insignificantes, gobiernos frágiles, periódicos al borde de la quiebra, simples aeropuertos, años de política sanitaria, el pensamiento de innumerables intelectuales, comportamientos sociales arraigados en las más antiguas tradiciones, aplicaciones tecnológicas que de repente se revelan muy útiles, el regreso al escenario de los expertos, la silenciosa existencia de los gigantes de la economía digital; todo ha trabajado para generar no un virus, sino una criatura mítica que, desde el inicio del virus, se ha apoderado de toda la atención y todas las vidas del mundo. Primero, y más rápido que la enfermedad misma, está la figura mítica que ha contagiado al mundo. *Esa* es la verdadera Pandemia: antes que tocar los cuerpos de los individuos, toca el imaginario colectivo. Es la explosión de una figura mítica, con una potencia y velocidad desconcertantes. No es casualidad que a muchos les recordase la experiencia de la guerra. Las circunstancias prácticas son diferentes –no se dispara una sola bala, no hay enemigos–, pero lo que mucha gente ha registrado en su memoria es que el otro único acontecimiento que tuvo un efecto pandémico tan implacable fue la guerra. Instintivamente, la Pandemia se alinea con las otras grandes criaturas míticas de las que se tiene memoria y se acepta por lo que realmente es: un contagio de mentes antes que de cuerpos.

15

antes de la Pandemia ya se registraba una actividad sísmica inusual allí donde un cierto sentir colectivo asintomático se desbordaba hasta generar historia. En poco tiempo, varias figuras míticas de proporciones considerables comenzaron a rediseñar, como impulsadas por una urgencia repentina, el *skyline* mental de los humanos. Mientras la revolución digital construía imparable en todo el planeta el mito por excelencia, el de la tierra prometida, en áreas más limitadas del mundo florecían grandes relatos mitológicos de espléndida factura: la guerra contra el terrorismo, la amenaza de los inmigrantes, la emergencia del cambio climático, con un gran clásico en perspectiva: el fin del mundo. Después de décadas de aparente anemia mítica, un magma subterráneo de altísimas temperaturas parecía haber encontrado una boca desde la que erupcionar –rugido y resplandor.

Luego, la Pandemia.

16

afirmar que la Pandemia es una creación mítica no quiere decir que sea una fábula, ni mucho menos que no sea real. Al contrario, implica saber con certeza que una gran cantidad de decisiones muy reales primero la hicieron posible, luego la invocaron y después definitivamente la generaron, ensamblándola a partir de un número infinito de pequeños y grandes comportamientos prácticos. En ellos se puede leer una especie de voluntad mayoritaria, una corriente dominante, que desde hace tiempo fluía en una dirección muy clara. Se podría decir que casi todas las elecciones de cualquier tipo que han tomado los seres humanos en los últimos cincuenta años parecen haber sido a propósito para crear las condiciones de una pandemia. No necesariamente negativa o mortal, y seguramente no limitada por el estrecho marco de un suceso de tipo sanitario. Se ha trabajado mucho para crear un terreno de juego único en el que moverse con una velocidad y una facilidad nunca antes conocidas: vale la pena recordar cómo, si tenemos que elegir una palabra para nombrar esta marcha asombrosa, acabamos eligiendo, con un instinto seguro, la palabra *viral*. Hemos reconstruido un Todo, o mejor dicho, varios Todo. Hacer correr por ahí información, dinero, números, noticias o música cambia poco las cosas: es siempre un juego pandémico. Si un virus hace su aparición, no puede desencadenar nada más que una pandemia. Quizás no la primera vez, quizás tampoco la segunda. Pero está claro que tarde o temprano sucederá.

Puede parecer extraño decirlo, pero evidentemente es lo que estábamos buscando.

allí donde los humanos producen mitos existe siempre una *desproporción*. Una ilógica falta de armonía, por no decir una clara deformidad. Esto era evidente en las criaturas míticas de carácter animal –los monstruos–. O en el grotesco destino de ciertos héroes trágicos. De manera más sutil, la producción mítica conserva un rastro de escandalosa desproporción, incluso cuando genera criaturas no animales, es decir, abstractas o sociales. La grotesca brecha entre ricos y pobres en la que vivimos nunca podría haberse formado sin una perspectiva mítica que le diera una legitimación *épica,* por decirlo de alguna manera. El gran número de muertos en la Primera Guerra Mundial no puede explicarse con otra lógica que aquella, ilógica, del mito. La deformidad moral de los campos de exterminio nazi recupera los rasgos grotescos y terroríficos de los monstruos arcaicos.

Pero incluso la pequeñez de las cifras, por ejemplo cuando hablamos de muertes por ataques terroristas o fallecimientos a causa de un virus, puede delatar una escandalosa desproporción, si consideramos la magnitud de los efectos de esas cifras. Es una especie de deformidad aritmética –detectada puntualmente con desconcierto por la conciencia colectiva– lo que señala la presencia inequívoca del mito.

18

así, mientras despedimos a los muertos, curamos a los enfermos y alejamos a los sanos, dibujamos hábilmente una figura mítica en la que nos pronunciamos. Naturalmente, los ojos están puestos en el virus y en sus movimientos, pero basta con cerrarlos para *sentir* todo lo demás –como si fuese un ruido de fondo–. La propagación de *murales* en los que el desplazamiento del virus no es más que un primer esbozo al carboncillo. Una especie de oscura vibración que hemos aprendido a reconocer: el suntuoso avance de un amanecer/atardecer sobre las cosas, sobre las vidas. Esto nos atrae y nos asusta, pero mientras pagamos un precio altísimo por semejante creación mítica, contando los muertos y marchitándonos, seguimos creando con obstinación, porque aún no hemos terminado. En esto volvemos a descubrir la rotación que tanto apreciaban nuestros padres, y en un solo gesto combatimos el mito y lo generamos. Algún día nos detendremos.

19

Si la Pandemia es una figura mítica, *¿qué queríamos decirnos a nosotros mismos cuando la diseñamos?* Esta es una pregunta que puede tener respuestas problemáticas.

20

Si la Pandemia es un grito, ¿qué estamos gritando? ¿Queremos saberlo *verdaderamente,* o preferimos aplazar la cita con nosotros mismos y concentrarnos en cuidar a los sanos y a los enfermos –un imperativo cotidiano evidente?

Por otro lado, sería casi antinatural que una figura mítica tan potente no tuviese una explicación. ¿Adónde iría a parar entonces la inteligencia de los humanos? Las figuras míticas están ahí para ser interpretadas.

La de la Pandemia plantea una pregunta inicial interesante: ¿cómo fue posible forjarla dotándola de tanta fuerza y rapidez?

Una primera respuesta es relativamente fácil: aunque reproduce modelos míticos ya experimentados en el pasado –¡la peste!–, la Pandemia es un *primum* absoluto, porque se produjo dentro de una solución química que nunca antes había existido, aquella que ofrece el *Game,* la civilización digital. Dicho de otra manera: la Pandemia es la más ambiciosa de las criaturas míticas que hemos construido después de entrar en posesión de estas tres habilidades:

1. una vertiginosa capacidad de cálculo;
2. un sistema de muy baja densidad, y, por tanto, accesible a velocidades muy altas para cualquier vector;
3. un motor narrativo de tracción total, donde cualquiera –*cualquiera*– puede producir historias.

Si se sumerge a cualquier criatura mítica en una solución química de este tipo, su fuerza y su velocidad se verán multiplicadas.

Luego hay una segunda respuesta, que es más difícil de aceptar: para contener toda esa fuerza y ser capaz de toda esa velocidad, la figura mítica de la Pandemia tuvo que ser impulsada por una inmensa corriente de deseo. O por una gigantesca necesidad de decir algo. O por una urgencia generalizada de dar voz a un tormento intolerable.

Podemos también, por oportunismo, considerarla una simple emergencia sanitaria. Pero ¿cómo no entender, en cambio, que es un grito?

22

Lo más desconcertante cuando empiezas a leer dentro de la figura mítica de la Pandemia es la maraña de audacia y miedo, de propensión al cambio y nostalgia del pasado, de dulzura y cinismo, de asombro y horror, que ahí se encuentra. Hay que aceptarlo. Hay que acostumbrarse. Allí dentro hay de todo.

Por otro lado, ya se sabe que las criaturas míticas no forman en sí mismas sistemas coherentes. El Mito es una red rota. No genera *orden,* sino *definición:*

nombra, pero no regula; marca, pero no armoniza; enumera, pero no calcula. El Mito restituye la sustancia irresoluble de los humanos. Es un libro de contabilidad donde el *deber* y el *haber* no producen un resultado final, sino muchos resultados posibles.

De esta manera, adentrarse en las figuras míticas para entender su mensaje suele ser un viaje en medio de voces desarticuladas en las que sería forzado reconstruir un canto o por lo menos una locución.

Escuchar gritos es la regla.

No asustarse, el objetivo.

23

Muchos han pensado: ¿pero qué clase de locura era la vida que llevábamos antes?

La figura mítica de la Pandemia lleva en su seno, entre otras cosas, esta epifanía, pronunciada con una claridad destinada a no perdonar a nadie. Dice que era una locura ir a ese ritmo, dispersar la mirada y la atención, perder la intimidad con uno mismo, intercambiar neuróticamente los cuerpos sin detenerse a contemplar el cuerpo propio, ver mucho hasta alcanzar una cierta ceguera, saber mucho hasta no comprender nada más. A la cámara lenta a la que nos ha obligado a vivir, la Pandemia ha revelado fotogramas nunca vistos de la película de nuestras vidas; muchas veces contenían el rostro del asesino, o el ascender del ángel. Y al imponernos la inmovilidad, ha abierto cuartas dimensiones que habían sido abandonadas.

No hay duda de que queríamos y buscábamos algo parecido. Quizás, entre las corrientes de deseo que empujaron con una violencia repentina a esta figura mítica a la superficie del mundo, una de las más fuertes sea precisamente esta: la espasmódica necesidad de *detenernos*. En este sentido, la Pandemia fue verdaderamente un grito. Un grito de cansancio. De rebelión. Cuando el niño dobla las rodillas y se deja caer porque ya no aguanta más.

De hecho, así la recuperación –que aún es parte integral de la figura mítica– es un retornar extraño y desenfrenado, dictado más que nada por la necesidad de reactivar la economía. Pero con una grieta que hiere el sentido de las cosas –una grieta indeleble.

24

Por supuesto, también es un clamor para gritar «¡Ayuda!» en la prisión de una Historia, por así decirlo, *domesticada*. Huérfanos de las guerras –atroces, pero efectivas como desgarros controlados en la inercia de las existencias–, los humanos hemos hallado en la Pandemia el acontecer electrizante de algo que se rompe, se interrumpe, vuelve a empezar, acaba. Mientras todo es una suave y lenta derivación del pasado y cualquier desgarro se considera inadecuado, se prefiere, siguiendo una cierta etiqueta de la Historia domesticada, deslizarse hacia lo nuevo solo a través de pequeños pasos, todos conectados, derivados lógicamente los unos de los otros. Con un efecto de *continuidad* que en última instancia ahoga las conciencias al tiempo que las consuela. Incluso la llegada del *Game*, la revolución digital, fue después de todo un acontecimiento pausado, un deslizamiento hacia lo nuevo con toda la cautela posible, casi de puntillas, casi disculpándose. Y la mayor decepción de los últimos veinte años ha sido descubrir que la frase «nada volverá a ser como antes» es bisutería intelectual, pues ni siquiera resultó cierta tras el 11 de Septiembre.

La verdad es que todo sigue igual que antes, solo que un poco más limpio.

A la larga, era necesario poder decir cuán intolerable es todo esto.

Hallar una figura mítica donde inscribirlo.

A cualquier precio.

25

Luego salió a flote una especie de higiene digital: la idea de que los dispositivos electrónicos pueden reducir al mínimo la exposición de los cuerpos al peligro de la contaminación, de *cualquier* contaminación. Evidentemente, el *Game,* la revolución digital, también llevaba en su seno esta utopía fóbica y visionaria a la vez. Una especie de oscurantismo luminoso que parecería imaginar una limpieza preexistente al contacto, un Yo que se contamina al fusionarse con el otro, pero que a la vez puede mezclarse con cualquier cosa si está dispuesto a descender en el ágil traje de buceo de los dispositivos digitales. No hay que equivocarse: esta no era la corriente principal del *Game*, que más bien tenía como idea la rotación continua de la experiencia física y la experiencia digital en un único sistema de realidad. Pero ahora, en la figura mítica de la Pandemia, leemos que es frecuente la tentación de simplificar esa rotación y replegarse a lo puramente digital, desplegando mundos delante de uno. La eliminación de los cuerpos que lleva consigo es nociva. Por otro lado, en la figura mítica de la Pandemia toma forma un grito pedante, que también va más allá de los fanatismos digitales: todo en ella grita que tocamos demasiado, que estamos demasiado expuestos físicamente, que mezclamos en un miasma espantoso partículas líquidas, que estamos *manchados*. Y que, por el contrario, es necesario cultivar el arte de las distancias, devolver los intercambios a pequeños núcleos bien definidos, seguir lavándose las manos como Lady Macbeth. Una enorme necesidad colectiva de limpieza, quizás de expiación. Una aterradora ola de puritanismo. Ni siquiera veteado de alguna inflexión moralista o religiosa. Peor: un instinto animal amoral y simple. Bestias enloquecidas.

26

Además. En la criatura mítica de la Pandemia hemos llegado a formular un principio táctico muy preciso: nada cambia si no es *por contagio*. Así hemos traducido a un lenguaje sencillo algo que no era de inmediata comprensión en algunas producciones míticas anteriores. Por ejemplo, el mayor acontecimiento del siglo –la llegada del *Game*, de la civilización digital– no brotó de una realidad preexistente, ni fue consecuencia de una violenta revolución que convulsionó el mundo, ni tampoco de una guerra frontal que cambió las fronteras: el principal acontecimiento del siglo ocurrió fundamentalmente por contagio, a partir de singulares brotes circunscritos y sin que ninguna forma de aislamiento o encierro se revelara posible o eficaz.

Por otra parte, la misma producción mítica que, desde hace algunos años, ha puesto la salvación del planeta Tierra a la orden del día, ha superado una cierta masa crítica y se ha convertido en una auténtica figura mítica solo cuando la forma de contagio ha alcanzado un valor más alto que cualquier razonamiento o dato científico. También allí los brotes fueron limitados y en esencia controlables hasta que una célula particularmente contagiosa, una niña/elfo, creó la epidemia. Años y años de enfrentamiento intelectual frontal no habían generado el avance que ella ha logrado con la firmeza de su mirada y sus palabras.

Donde falla el ataque frontal, gana el contagio.

La Pandemia es un pequeño manual de tácticas. Entre muchas otras cosas.

27

Y, naturalmente, desde hacía algún tiempo se estaba fraguando la necesidad de someter la inteligencia del siglo XX a una prueba de resistencia definitiva que revelara su obsolescencia.

A nivel técnico, la Pandemia, es decir, la primera criatura mítica ensamblada en la era digital, ha estado enteramente gobernada por inteligencias del siglo XX: una pérfida asimetría. No es de extrañar que, incluso en los lugares más diversos y distantes del mundo, esas inteligencias hayan llegado más o menos a las mismas soluciones: todos los que jugaban habían crecido en la misma escuela, por así decirlo. Por supuesto, se han podido apreciar matices distintos en el estilo de juego. Por ejemplo, allí donde cierto *machismo* parapolítico intentó negar con vehemencia que esta figura mítica tuviera la fuerza que tiene solo por *bullying* intelectual o narcisismo de casta; o allí donde ciertos totalitarismos han intentado ocultar una figura mítica que interfería con las de su propia producción. Pero, en esencia, una Pandemia hija del hábitat digital fue gobernada por inteligencias del siglo xx basándose en principios ya caducos, y siguiendo una lógica obsoleta. Por supuesto, se ha hecho un tímido uso de lo digital. Pero nunca se ha *pensado* en digital: no habrían sabido cómo hacerlo. Y eso que la Pandemia es *genéticamente* digital: en las formas, en la estructura, en su forma de evolucionar, en su velocidad y en su sencillez casi infantil. El viaje de la Pandemia –atención, no el del virus– se hizo en gran medida a través de los medios de transporte digitales, que nunca son simples vectores: moldean, imbuyen de una cierta lógica, imponen formatos, establecen prioridades y valores, *transmiten datos genéticos*. La sustancia material de la Pandemia es casi completamente digital. Es una derivación de la materia prima de los videojuegos.

Y enviamos a jugarlo a Maestros de ajedrez.

¿Qué estábamos buscando? Probablemente queríamos someterlos a una *prueba de esfuerzo* muy difícil para ver qué pasaba.

Si intentamos hacer un balance ahora, cuando aún no ha terminado la Pandemia, podemos aventurar una idea clamorosa: la ciencia, una de las figuras míticas más fuertes producidas por la modernidad, se tambalea. En la embarazosa confusión del saber médico al que se recurre para afrontar la emergencia, cualquiera puede identificar una obsolescencia metodológica que ahora parecieran tener en común todos los saberes. No es tanto el mito de la ciencia como saber infalible lo que pierde fuerza, sino el de la ciencia como saber *útil*. Cuanto más afirma la ciencia la corrección de su método, defendiendo obsesivamente su necesidad, más desvía la atención del problema real: los procesos obsoletos que sostienen, como un esqueleto, el flujo de ese método. Un inmenso saber, con acceso a cantidades vertiginosas de datos, se revela, por increíble que parezca, de poca utilidad, o produce soluciones con demasiada lentitud, o plantea las preguntas equivocadas. Y no es que en el campo económico, sociológico e incluso en el filosófico las cosas estén mejor. En la Pandemia, la ciencia médica habla por todas las demás, denunciando la incapacidad crónica para hacer aterrizar las inmensas inteligencias, humanas y artificiales, que están a nuestra disposición. Si el saber produce retórica, respuestas lentas y simple sentido común, significa que algo anda mal, y en la figura mítica de la Pandemia está escrito que nunca más volverá a ir bien. Nos quedamos sin Saber, porque nos apoyamos en un saber único, el científico, que se ha encerrado en sí mismo, anquilosado por procesos obsoletos y por esquematismos inadecuados para el *Game*, la revolución digital. O lo liberamos de sí mismo lo antes posible, dice la Pandemia, o se convertirá en pura fe mística: la mesiánica espera de una vacuna.

28

Tampoco se puede olvidar que, con una inclinación invisible y atroz, la Pandemia ha expulsado de la creación primero a los ancianos y a los débiles. El terrorismo, por citar otra poderosa figura mítica, atacaba al azar. La Pandemia es quirúrgica. ¿Y si hubiera elegido a los niños?, se preguntó alguien. Es evidente que hubiésemos enloquecido. En cambio, la Pandemia ha seleccionado, si de verdad queremos ver las cosas como son, basándose en un principio lógico que habíamos perdido por el camino: podar certeramente, conservando las ramas fuertes. Las guerras, por ejemplo, hicieron lo contrario: segaron las vidas más jóvenes como para dispersar un exceso de vitalidad inmanejable para el poder. La Pandemia, en este sentido, parece una figura mítica construida al revés y con mucha más lucidez. Diluye, regenera, pero no hace desaparecer el suelo bajo nuestros pies. ¿Es posible que todo esto sea casual? Por terrible que parezca, es razonable pensar que en la construcción de tan enorme figura mítica se ha inscrito una creencia generalizada e inconsciente en que se vive demasiado. O un hastío difuso por unas generaciones que no les ceden el paso a las nuevas. O incluso una utopía inconfesable de fuerza y pureza. Con toda la frialdad posible, si uno tiene fe en el carácter mítico de la Pandemia, debe acoger uno de los mensajes más afilados que lleva en su seno. Dice, con una claridad de lo más desagradable, que, en el balance colectivo de toda una comunidad, morir menos y morir mejor no equivale a vivir más y vivir mejor.

29

Y también estaba esa extenuante medición de la salud económica, evaluada en puntos del PIB, a la que se atribuyó una enorme importancia, si bien su vínculo concreto con la vida real resultaba borroso. Los destinos colectivos e incluso las perspectivas individuales de felicidad parecían depender de ello. Luchábamos, o nos dividíamos, por el medio punto porcentual más o menos.

El Fondo Monetario Internacional

prevé que en el 2020 Italia perderá 12 (doce) puntos porcentuales.

Es difícil decir cómo afectará a la vida diaria esta repentina y espectacular avalancha de números. Pero lo cierto es que donde debería prevalecer una cierta preocupación prevalece en cambio un sentimiento de liberación. Es como si la Pandemia hubiera vaciado esos números de cualquier significado, desmantelando la conexión entre la carrera por la riqueza y la idea de trabajo que se toleraba desde hacía tiempo con la obtusa mansedumbre de las bestias de carga. Que evidentemente gestaban una desconcertante venganza.

30

Y una gran necesidad de orden, obviamente. La increíble disciplina que las multitudes han mostrado hacia unos poderes políticos que hasta el día anterior habían sido despreciados autoriza a la figura mítica de la Pandemia para decir que un sordo deseo de disciplina serpenteaba bajo la piel de una civilización a la que le gustaba imaginarse libre, abierta, rebelde, incluso caótica. Esto complacía a ciertas élites afortunadas, tal vez. Pero en su seno había hambre de orden, disposiciones, prohibiciones, limitaciones. Se conservó el placer de una autoridad a la que obedecer y hasta la nostalgia de un experto que orienta, un poderoso que dispone, un guía que sugiere, un sacerdote que execra, un médico que prescribe, un policía que castiga, un juez que sanciona, un periodista que advierte, un padre que educa. Al mismo tiempo, en quien manda, corrige, castiga, ha vuelto a manifestarse ese sentimiento de legítima superioridad sin el cual el placer de la autoridad pierde gran parte de su encanto. Paradójicamente, los más reacios a comprender este mensaje de la Pandemia fueron los teóricos habituales del orden, la autoridad, la disciplina. Pero quien ama el orden lo ama para atacar, limpiar, disciplinar, no como táctica de defensa. Para ellos, el orden es expresión de fuerza: a duras penas lo reconocen cuando es la cura de una debilidad, una fragilidad, una enfermedad.

31

Pero también es reconfortante tomarse un tiempo para leer con calma lo que proclama la Pandemia en letras mayúsculas sobre nuestro estar *con* el mundo. Era difícil decirnos de manera más inequívoca que hemos ido demasiado lejos con nuestra técnica de dominar lo existente, persistiendo en una infinita creación que ha generado una especie de rechazo en los tejidos de esta. Hay un equilibrio que nunca hemos hallado y que quizás ni siquiera exista. Es infantil pensar que hemos destruido un paraíso, pero es urgente entender que hemos creado sin armonía. Es una tontería pensar que hemos pecado contra la naturaleza, pero sería una idiotez no admitir que hemos ejercido todas nuestras facultades más con astucia que con inteligencia. Sería trágico considerar la enfermedad que mata como un castigo, pero será imperdonable pensar, a partir de ahora, que algún tipo de inmunidad nos mantiene a salvo de las consecuencias de nuestros actos. Así, en las habitaciones donde morimos solos sin saber de qué, dibujamos la síntesis mítica de nuestro posible destino para obligarnos a mirarlo, a temerlo, a nombrarlo, tal vez a detenerlo.

Finalmente, resulta espectacular el torbellino sordo que parece mantener unida la figura entera de la Pandemia, en la persecución de dos fuerzas enormes y contrarias.

32

La primera fuerza. El virus no es democrático. El virus fortalece a los poderosos, acaba con los pobres. El virus no hace caer la bolsa de valores, sino que devasta la economía informal. En presencia del virus los ricos también mueren, por supuesto, pero los que viven mal son sobre todo los pobres. Decenas de millones de personas están sufriendo un retroceso que los deja en manos de la beneficencia. El poder político ha regresado al centro del terreno de juego en un resurgir ultrarrápido que lo ha apartado de una agonía irreversible. Toda una élite intelectual ha vuelto a ser escuchada en lugar de permanecer archivada. La ira social se ha visto desactivada, confinada, silenciada.

Así, la Pandemia acaba por afilar las garras de un poder que estaba perdiendo a su presa. Contiene una energía que tiende a detener los tiempos, a restaurar aquello que había decaído. Parece diseñada a propósito para devolver una perspectiva mítica a la pura y simple dominación: como para devolverle la narrativa pérdida y por lo tanto la fuerza motriz y, en última instancia, la autoridad moral. Es un esquema mítico que conocemos desde hace milenios: todo poder sabe que nada lo hace tan fuerte como la capacidad de presentarse bajo el aura mítica del salvador cuando llega el momento del peligro y en presencia de un enemigo.

La segunda fuerza. Al mismo tiempo, el cambio de fase de la Pandemia le quita, por así decirlo, un latido a las pulsaciones del poder. Durante un largo tiempo, suspende la secuencia lógica que hacía que cualquier mundo diferente a este pareciera imposible, produciendo una apnea en el sistema. Rompe la cadena de lo inevitable y, al incluir experiencias inéditas, les devuelve a los humanos la capacidad de *pensar lo impensable:* no como un juego de la fantasía, sino como una técnica de construcción, como una forma de racionalidad. Esto debe entenderse literalmente, y leerse a un nivel muy práctico: en la posible caída de muchas de las columnas que sostenían el sistema, se asoma la hipótesis de que un colapso controlado, seguido de una reconstrucción con técnicas antes impensables, es la única manera de detener la degeneración crónica de la construcción de nuestro edificio-mundo. En cualquier caso, la figura mítica de la Pandemia devuelve legitimidad, de un modo trágico y por lo tanto muy solemne, al principio por el cual construir es un gesto que parte de la voluntad de destruir, y vivir es una aspiración que pasa por la capacidad de morir. En este sentido y con gran violencia coloca a los humanos frente a la auténtica figura de la utopía: rasgando cualquier ornamento y desmontando todas las simplificaciones, la pronuncia en su forma arcaica más brutal, libre de cualquier etiqueta histórica. Lleva inscrito que la única tierra sobre la que se puede construir el nuevo mundo es aquella en la que se apoyan las ruinas del viejo: así, toda utopía crece sobre los escombros de un pasado, toda esperanza comienza con una renuncia y toda vida es fruto de un luto.

Realmente, al mirar a los ojos a la figura mítica, no es tan difícil observar esas dos fuerzas. El torbellino que crean al perseguirse. Parece que hubiesen elegido la Pandemia como página donde escribir sus nombres y campo de batalla para poner fin a una enemistad sin remedio. Quizás *esto* es lo más importante que hay que entender en lo que hemos permitido que suceda, o incluso en lo que queríamos que sucediera: hubo un choque entre el viejo mundo y el nuevo que se había aplazado durante demasiado tiempo, con reglas para el enfrentamiento que impidieron que estallara de verdad. En una guerra de posiciones agotadora, se terminaba el tiempo para que cualquier victoria valiera la pena. Antes de que sea demasiado tarde, una inercia inconfesable parece haber elegido un plano inclinado donde empujar todo hacia un final, sin importar cuál sea este.

33

Una criatura mítica donde las haya, más compleja que otras, es por otro lado el amor. Es de un tipo afín al de la Pandemia, ya que, de manera semejante, comienza con un contagio repentino, inesperado y violento: un descarrilamiento del cuerpo, como mínimo una dolorosa oscilación. Alrededor de ese contagio, los enamorados erigen un edificio mítico, hasta el punto de convertirse en un mito ellos mismos. Es una figura dibujada con las palabras,

los gestos, los objetos, los comportamientos. A veces son necesarios los hi-
jos. Sirven para proteger el contagio,
hacerlo endémico, o para controlarlo,
atenuar sus efectos; no se sabe. Pero la
figura mítica está ahí, y con el tiempo
crece sin mesura porque nada saben
construir mejor los humanos que las
murallas del mito.

A menudo, es sabido, cuando el contagio se extingue, la figura mítica en
cambio resiste, como una fortaleza inú-
til, pero segura e imponente. Seguir vi-
viendo allí es algo que hacemos, según
una lógica melancólica y no desprovis-
ta de una cierta belleza.

Aunque en raras ocasiones, a veces
sucede que el contagio estalla y la fortaleza se derrumba, incapaz de contener, controlar o desarmar. Entonces morimos de amor, una situación a menudo
registrada en los libros, a veces de manera memorable.